D0933615

Todo lo que necesitas saber sobre

El cigarrillo

En ocasiones los adolescentes comienzan a fumar porque creen que el cigarrillo los hará sentirse en onda.

Todo lo que necesitas saber sobre *El cigarrillo*

Elizabeth Keyishian

Traducción al español
Mauricio Velázquez de León

The Rosen Publishing Group, Inc.
Editorial Buenas Letras™
New York

Published in 1989, 1993, 1995, 1997, 2000, 2002 by The Rosen Publishing Group, Inc.
29 East 21st Street, New York, NY 10010

First Edition in Spanish 2002
Revised English Edition 2000

Library of Congress Cataloging-in-Publication Data

Keyishian, Elizabeth
Todo lo que necesitas saber sobre el cigarrillo / Elizabeth Keyishian : traducción al español Mauricio Velázquez de León.
p. cm. -(Todo lo que necesitas saber) Includes bibliographical references and index.
ISBN 0-8239-3581-7 1. Tobacco habit—Juvenile literature. 2. Smoking—Juvenile literature. 3. Youth—Tobacco use—Juvenile literature. 4. Spanish Language Materials. [1. Smoking.] I. Title. II. Series.
BF724.3.G73S35 1989
155.9'37—dc21
                                                                98-16193

Manufactured in the United States of America

Contenido

Introducción

¿Alguna vez has escuchado que alguien está tratando de dejar de fumar? Y cuando vuelves a ver a esa persona te dice que aún sigue luchando para dejarlo, o que no pudo y se ha dado por vencida. Fumar no es un hábito fácil de romper, y a muchos fumadores les gustaría no haber comenzado nunca. Pero quizás comenzaron porque "todos lo estaban haciendo", o porque eso los haría sentirse en onda, o como adultos. Quizás comenzaron a fumar porque no sabían lo que hacían.

En este libro encontrarás toda la información que necesitas para tomar una decisión adecuada sobre el cigarro. Pero recuerda; si comienzas a fumar cigarrillos, pipa o puros, las posibilidades de adicción son muy grandes. Es esta adicción la que hace que dejar de fumar sea tan difícil.

Los cigarrillos causan adicción porque contienen nicotina. La nicotina es una droga muy fuerte y adictiva. Es lo que te produce un "impulso" cuando fumas, es lo que te engancha y te hace regresar por más. Incluso cuando alguien logra dejar de fumar, no es raro que comience a hacerlo nuevamente hasta un año (o más) después de haber fumado su último cigarrillo.

"El fumador es fumador para siempre", dice Carla, quien no ha fumado un solo cigarrillo en más de veintiocho años. "Así que por favor no me pidas que te sostenga el cigarro", afirma, "o comenzaré a fumar nuevamente". Después de todos estos años, Carla sabe qué tan adictivos pueden ser los cigarrillos.

Diariamente cerca de 3,000 adolescentes fuman su primer cigarrillo. Eventualmente muchos de ellos se convertirán en fumadores cotidianos. Cuando le preguntas a estos adolescentes si creen que seguirán fumando dentro de cinco años, el 75 por ciento dirá que no. Pero están equivocados. De acuerdo con un estudio realizado por el Centro de Control y Prevención de Enfermedades, sólo el 13.5 por ciento deja de hacerlo. Este estudio menciona que de los adolescentes que probaron cigarrillos, 36 por ciento adquieren el hábito.

Los adolescentes quieren sentirse en onda, ser aceptados y tener amigos. Sin embargo, adquirir un hábito dañino, que potencialmente puede continuar por toda la vida, no hace mejor a nadie. Piensa en ello. Las enfermedades relacionadas con el cigarro son responsables de más de 400,000 fallecimientos al año en los Estados Unidos.

Estas enfermedades incluyen las siguientes:

• Cáncer de pulmón y otros tipos de cáncer relacionados con el cigarro
• Enfermedades del corazón
• Manchas en la dentadura y mal aliento
• Problemas respiratorios tales como tos y jadeo al respirar
• Pérdida de las capacidades olfativas y gustativas
• Problemas sexuales

Dos millones de fumadores dejan el cigarrillo o fallecen cada año, por lo que la compañías tabacaleras tienen que encontrar formas de atraer a nuevos fumadores. Estas empresas se enfocan en la gente joven, en especial adolescentes que comienzan a tomar decisiones sobre su vida. Las campañas publicitarias, aunque con ingenio, son muy engañosas y hacen que fumar parezca ser parte de un estilo de vida divertido, gratificante y aceptado socialmente.

De cualquier forma, los anunciantes no cuentan la historia completa, y las compañías de tabaco han comenzado a pagar el precio por no revelar los riesgos a la salud asociados con el consumo de tabaco. A estas compañías se les han entablado demandas millonarias por parte de fumadores que sufren problemas de salud relacionados con el tabaco, y por las familias de aquellos que han fallecido a causa de estas enfermedades.

Ahora que has leído algunos de los hechos, aún crees que fumar está en onda ¿Fumar realmente vale el daño que le produce a tu cuerpo? La decisión de fumar o no fumar es completamente tuya. Pero debes estar consciente de los riesgos que involucra. Este libro te ayudará a entender tus opciones, te dará algunos datos importantes que debes tener en cuenta y te preparará para tomar una decisión que puede ser de vida o muerte.

Capítulo 1

¿Por qué comenzar a fumar?

Muchos jóvenes comienzan a fumar porque quienes los rodean hacen lo mismo. Si sus padres, hermanos, parientes o amigos fuman no parecería ser la gran cosa. De hecho, tú podrías pensar que tienes que fumar porque otros lo están haciendo y quieres ser como ellos. Pero el hecho de que admires a estas personas no significa que debas admirar el cigarrillo.

En los medios de comunicación, el cigarrillo se utiliza con frecuencia como un símbolo de libertad o de rebelión, o como algo que está de moda. Fumar no parece ser peligroso porque parecería que lo hacen muchas personas y además parece no tener efectos secundarios negativos.

Pero de hecho fumar es algo importante. Se ha demostrado que la nicotina contenida en los cigarrillos resulta más adictiva que el *crack*, la cocaína o el alcohol. Mientras más joven comiences a fumar, más difícil será dejarlo cuando llegues a adulto.

En otras palabras, tú puedes creerte capaz de fumar un cigarrillo de vez en cuando en situaciones sociales y que eso será todo. Desafortunadamente, no es tan sencillo.

Tu cuerpo comenzará a ansiar la nicotina. De acuerdo con un estudio, 90 por ciento de los jóvenes que trataron de renunciar al cigarrillo experimentaron síntomas de abstinencia. Sin saberlo, tú podrías convertirte en adicto. Aún fumando ocasionalmente.

Recuerda que fumar no es algo que tengas que hacer. Si nunca lo haces, nunca lo echarás de menos, y nunca experimentarás los problemas de una adicción. ¿Por qué comenzar a fumar si no es algo que tengas que hacer por naturaleza, como comer o dormir?

Aun así, puede ser difícil si tienes amigos que comienzan a fumar y quieren que tú también pruebes el tabaco. Puedes sentir presión para encender un cigarrillo, y así quedar bien con ellos y ser parte del grupo. Pero no olvides que tu cuerpo es tuyo y de nadie más. Tú serás quien sufrirá las consecuencias de lo que el cigarro hace a tu cuerpo, además de que harás daño a la gente a tu alrededor con el humo de segunda mano. Fumar o no fumar es tu decisión, pero debes saber que fumar no es un hábito que puedes dejar fácilmente. Es mucho más sencillo enfrentarte a la presión de tus compañeros que enfrentarte a la dependencia a la nicotina.

 Tu primer cigarrillo te puede producir mareo.

Algunos jóvenes comienzan a fumar porque piensan que así parecerán más adultos. Esto probablemente no es verdad. Los jóvenes fuman porque ven a las personas mayores fumar y quieren ser tratados como adultos.

La verdad es que los jóvenes que fuman sólo dan la impresión de que están tratando de ser lo que no son. Ser adulto significa actuar responsablemente y no de manera temeraria, y fumar es temerario para tu salud y la de aquellos que te rodean.

Es fácil darte cuenta del daño que te produce el cigarrillo por la manera en que tu cuerpo reacciona cuando fumas. Generalmente al fumar por primera vez el cigarrillo te hará toser. Puedes sentirte asfixiado o tener mareos. Incluso puedes sentir ganas de vomitar. El humo de los cigarrillos contiene una sustancia llamada alquitrán que permanece en tus pulmones aunque expulses el humo por la nariz o la boca. El alquitrán en tus pulmones puede producir cáncer. Además puede producirte enfermedades del corazón y otros serios problemas de salud. Aunque disfrutes fumar, ¿el placer vale la pena cómo para que sacrifiques tu salud, o incluso tu vida?

Piensa en eso cuando alguien te ofrezca un cigarrillo. No tengas miedo de decir que no. No existen buenas razones para comenzar a fumar. La gente te respetará más si tomas tus propias decisiones.

Capítulo 2

Riesgos para la salud

Probablemente sabes que fumar puede causar enfermedades del corazón y cáncer de pulmón. Sin embargo, un estudio reciente ha descubierto una relación entre fumar cigarrillos y el cáncer de colon. Si comienzas a fumar a una edad temprana, el riesgo de cáncer de colon se queda contigo incluso después de haber dejado el cigarrillo. Dicho de otra forma, fumar puede causarte daños permanentes.

Éste sólo es uno de los muchos descubrimientos que los científicos han realizado sobre los efectos negativos del cigarro en el cuerpo humano. Aunque no parezca muy importante ahora, tendrás que cuidar de tu cuerpo por mucho tiempo. ¿Por qué no comenzar desde hoy?

Para que tengas una idea de lo perjudicial que es el cigarrillo para tu salud, échale un vistazo a lo que contiene:

• Nicotina, que es una droga adictiva
• Alquitrán negro que se adhiere al interior de tus pulmones y dificulta la respiración
• Monóxido de carbono y otras sustancias químicas que envenenan tus pulmones

Cada fumada a un cigarrillo deja todo esto en tus pulmones. Además la nicotina acelera tu corazón, altera tus nervios y produce una rápida adicción. En grandes dosis, es venenosa.

El alquitrán cubre las paredes interiores de tus pulmones dificultando la respiración. Entonces tu corazón tiene que trabajar más porque no está recibiendo suficiente oxígeno de tus pulmones congestionados. El monóxido de carbono puede impedir que el oxígeno llegue a tu corazón. Esto puede producir enfermedades cardiacas.

¿Cómo afecta el cigarro a tu organismo? Imagina que tu cuerpo es como una sensible máquina en la que todas sus piezas trabajan para conservarte sano. Al fumar, dañas diferentes partes de esta maquinaria, que termina por descomponerse. Muy pronto la máquina dejará de trabajar.

Tú respiras todo el día, de hecho respiras cerca de 600 millones de veces durante tu vida. Cuándo fue la última vez que dijiste:"¡Vaya!, estoy respirando". Probablemente nunca lo has hecho. Tú tienes muchas otras cosas en que pensar. Sólo piensas en esto cuando te duele al respirar.

Al fumar, dificultas tu respiración. Trata de subir corriendo unas escaleras y podrás encontrarte con la respiración pesada y con que tu corazón se ha acelerado.

Existen fotografías que muestran lo que ocurre a tu corazón y a tus pulmones cuando fumas. Los cirujanos que operan a fumadores afirman que sus pulmones se ponen negros por el alquitrán.

Los pulmones proporcionan oxígeno al cuerpo y expulsan bióxido de carbono. Los pulmones están formados por una serie de tubos llamados bronquios. Estos tubos llegan hasta unos pequeños sacos en forma de globos. En los tubos, una red de minúsculos conductos (capilares sanguíneos) se encargan de transportar aire rico en oxígeno hacia el corazón y de sacar mucosidad hacia las vías respiratorias.

La nicotina, que es la droga en el tabaco, paraliza los capilares sanguíneos evitando el desalojo de la mucosidad. Esto produce obstrucción de las vías respiratorias. El alquitrán y las substancias químicas se posan en las vías respiratorias y los capilares sanguíneos mueren. El fumador tiene que toser para expulsar la mucosidad de los pulmones. A esto se conoce como tos de fumador, y suena como si la persona silbara al respirar.

El cigarro reduce la capacidad pulmonar, dificultando la respiración cuando caminamos o corremos.

Los bronquios (aquellos tubos en tus pulmones) se lesionan con esta tos recurrente, desarrollando bronquitis crónica en el fumador. La dificultad para respirar aumenta y hacerlo se vuelve cada vez más doloroso.

Frecuentemente, las personas con bronquitis desarrollan enfisema, una enfermedad que dificulta la respiración. Muchos de ellos tienen que usar una silla de ruedas, y movimientos simples como caminar o respirar se dificultan mucho. Quizás hayas visto a alguien con esta enfermedad. Con frecuencia la gente con enfisema tiene que usar un carro para cargar un pesado tanque de oxígeno dondequiera que van.

Las personas que fuman por mucho tiempo pueden contraer cáncer. El alquitrán y las sustancias químicas en los cigarrillos pueden hacer que las células del organismo crezcan sin control. Éstas forman abultamientos o tumores en los pulmones. Los abultamientos cancerosos bloquean la respiración.

La buena noticia es que tan pronto como dejas de fumar, tu cuerpo comienza a repararse. Mientras más pronto dejes de fumar, menor será el daño que le produzcas a tu cuerpo.

Riesgos específicos para la salud de la mujer

Fumar es peligroso para cualquiera, pero existen riesgos específicos para la salud de las mujeres.

A pesar de estos riesgos, más y más chicas comienzan a fumar entre los catorce y los diecisiete años. Esto puede deberse a la publicidad de los cigarrillos. También a que existe la idea de que los cigarrillos ayudan a controlar el peso. Sea como sea, esto no es verdad.

Fumar puede hacer que sientas menos hambre, distraerte cuando te apetece un bocadillo. Existen muchas otras maneras de mantenerte delgada y conservarte saludable y en forma. Los deportes y el ejercicio son maneras divertidas de pasar el tiempo con los amigos, además de que estas actividades fortalecen tu cuerpo, lo conservan saludable y hacen que te sientas y te veas muy bien.

El cáncer de pulmón ha superado al cáncer de mama como la principal causa de muerte entre las mujeres. Si fumas y tomas píldoras anticonceptivas, es diez veces más probable que puedas tener un infarto o ataque al corazón.

Por encima de cualquier otro factor, el cigarrillo incrementa el riesgo de las mujeres jóvenes de sufrir ataques al corazón. No tienes que ser una mujer mayor para sufrir un ataque al corazón.

Recuerda la leyenda de advertencia: "Fumar durante el embarazo puede producir lesiones en el feto, nacimiento prematuro y bajo peso al nacer".

¿Por qué habrías de preocuparte de esto ahora? Puede no parecerte importante todavía, pero una vez que has comenzado a fumar, es muy, pero muy difícil dejarlo. Cuando te conviertas en madre, podrías seguir siendo una fumadora.

Los bebés de madres que fuman, tienen dos veces más posibilidades de sufrir muerte infantil súbita. Esta enfermedad mata a los bebés repentinamente durante el sueño. Además, los bebés de fumadores tienen el doble de enfermedades pulmonares, tales como bronquitis y neumonía.

Riesgos para la salud del fumador: un recordatorio

Mientras más pronto comiences a fumar, más pronto puedes morir a causa del cigarro.

- Los cigarrillos contienen nicotina, una droga que causa adicción, alquitrán que cubre los pulmones y dificulta la respiración y monóxido de carbono que es letal para tu corazón.
- Fumar produce enfermedades pulmonares como bronquitis crónica, enfisema y cáncer pulmonar.
- Fumar produce enfermedades del corazón, tales como infartos y ataques cardíacos.

La salud de un bebé puede verse afectada si su mamá fuma

- Mientras más pronto dejes de fumar, menor será el daño en tu organismo. Mientras más sea el tiempo fumes, mayores las probabilidades de desarrollar

La publicidad de cigarrillos debe mostrar una advertencia, pero las compañías de tabaco tratan de hacer parecer al cigarro como algo seguro y atractivo.

enfermedades pulmonares o cardíacas. Existen riesgos específicos para las mujeres que fuman: El cáncer de pulmón ha superado al cáncer de mama como el más frecuente tipo de muerte por cáncer entre las mujeres; las mujeres que fuman durante el embarazo ponen en peligro a sus bebés.

Capítulo 3

Las apariencias engañan

Los anunciantes de cigarrillos tienen un trabajo difícil. Los anuncios deben hacer parecer al cigarrillo como algo que disfrutas. Los anunciantes deben buscar la forma de que luzca atractivo para que lo pruebes, aunque el mismo anuncio tiene una advertencia sobre los daños que produce. Los anuncios tienen que incluir la advertencia porque así lo estipula la ley. Esta ley fue aprobada para que todos conozcan los peligros de los cigarrillos.

Los adultos que fuman no necesitan de anuncios publicitarios para convencerse. Muchas personas que fuman dejarían de hacerlo si pudieran. Pero están enganchados. Fumar es un hábito y mucha gente se vuelve adicta a la nicotina que hay en el tabaco. Su cuerpo la necesita y se sienten mal o nerviosos si no pueden fumar.

Los adultos que no fuman, difícilmente se convencerán de que fumar es algo bueno. A su edad, probablemente ya saben la verdad.

Por eso las compañías de tabaco y los ejecutivos de publicidad dirigen sus campañas hacia la gente joven, con anuncios que hacen que fumar parezca algo muy en onda.

Los anuncios de cigarrillos dan la impresión de que te divertirás más porque fumas, te hacen creer que fumar te hará popular. Este tipo de sugestión publicitaria se llama asociación. Relacionando algo placentero con un producto en particular hacen que la gente quiera probar ese producto.

Con frecuencia estos anuncios muestran parejas al aire libre, o gente practicando deportes. En la vida real, la gente que fuma mucho puede tener problemas al respirar. Fumar hace muy difícil practicar deportes. Si perteneces a algún equipo, el entrenador te dirá que no fumes.

Los anuncios de cigarrillos muestran gente sana, con piel brillante y dientes blancos y resplandecientes. Pero la realidad es que fumar mancha tus dientes, palidece tu piel y hace que tu cabello huela mal.

Algunas personas creen que la publicidad de cigarrillos debería estar prohibida. Por ahora no se permite en televisión. En Nueva York, se prohíbe la publicidad de cigarrillos en autobuses y en el tren subterráneo.

Aunque es contra la ley vender cigarrillos a menores de edad (personas menores de 18 años), los anuncios publicitarios parecen estar dirigidos a gente cada vez más joven. Una compañía tabacalera utiliza incluso a un personaje de caricatura en sus anuncios.

En ocasiones este personaje aparece con otro grupo de personajes de moda. Estos anuncios aparecen en vallas publicitarias y en los aparadores de las tiendas. También aparecen en revistas que son leídas por los niños.

Un estudio demostró que la mayoría de los chicos en cuarto grado eran capaces de identificar con mayor facilidad a este personaje que la foto del presidente de los Estados Unidos.

Los fabricantes de cigarrillos nunca revelarán los peligros de fumar, porque de hacerlo perderían enormes cantidades de dinero. Recientemente estas compañías han sido demandadas en diferentes Estados por no decir la verdad acerca de los riesgos del tabaco para la salud. En marzo de 1999 un jurado en el estado de Oregón ordenó a la compañía tabacalera Philip Morris a pagar 81 millones de dólares a la familia de un hombre que fumó cigarros Marlboro durante cuarenta años antes de morir. En julio de 1999 un jurado en Florida dictaminó que los cigarrillos producen cáncer de pulmón y otras enfermedades, y que sus fabricantes intentaban mantener ocultos estos riesgos a los consumidores. Las demandas legales en contra de las compañías tabacaleras se han incrementado en todo el país.

Tus amigos deben respetar tu decisión de no fumar

Otra clase de publicidad

Recientemente ha comenzado a surgir otra clase de publicidad relacionada con el cigarrillo. La Asociación Norteamericana contra el Cáncer y La Asociación Norteamericana del Corazón y otros grupos relacionados con la salud tienen anuncios que enfatizan los peligros de fumar.

Éste mensaje es muy importante. Las tabacaleras gastan más de mil millones de dólares al año para convencer a las personas de que fumar no es una actividad dañina. Ahora se está haciendo algo para dar a conocer a las personas la verdad acerca del cigarrillo.

Capítulo 4

Es tu decisión

Depende de nosotros, como individuos, tomar nuestras propias decisiones. Nosotros decidimos qué hacer con nuestras vidas y con nuestros cuerpos. Esto incluye decidir qué es lo que dejaremos entrar en nuestro organismo.

Es importante que seamos nosotros quienes tomemos estas decisiones, y no dejar a otros decidir por nosotros. Si un amigo te ofrece un cigarrillo, piensa antes de aceptarlo. Piensa con cuidado acerca de todo lo que has aprendido sobre el cigarro. ¿Estás listo para adquirir un hábito que pondrá tu salud en riesgo permanente?

Si la respuesta es no, existen muchas formas de negarte al ofrecimiento sin ofender a tus amigos. Si en realidad son tus amigos, entonces respetarán tu decisión. A continuación te damos un ejemplo de cómo puede darse esa situación:

Después de la escuela, Raúl está estudiando en el parque con Luis, Daniela y Gaby. Gaby saca un paquete de cigarros.

Gaby: ¡Uf!, de verdad que necesito un cigarrillo.

Luis: ¿Te robo un cigarro Gaby? Pásame el encendedor.

Daniela: ¡Yo también quiero uno! ¿Y tú Raúl?

Raúl: No, gracias. Realmente no estoy en esto del cigarrillo.

Luis: ¿No? ¿Cómo que no? Es cool. Además, a lo mejor te gusta. Gaby, pásame otro cigarrillo.

Raúl: Está bien. No quiero uno.

Gaby: ¿Qué? ¿Te da miedo? ¡Pruébalo! ¿Qué te puede hacer un cigarrito? No va a matarte.

Raúl: No me da miedo. Pero no creo que valga la pena el riesgo. La cosa es que sí puede matarme.

Daniela: Si sólo pruebas uno, no es la gran cosa.

Raúl: Como dije, no vale la pena el riesgo. Mi abuela murió de enfisema tras años de fumar, y no quiero que eso me pase a mí.

Gaby: Sí pero, ¿qué edad tenía tu abuela? Yo creo que vivió una larga vida.

Raúl: Tenía setenta y tantos años, pero comenzó a fumar cuando tenía mi edad. Para cuando se enfermó, era demasiado adicta como para considerar dejarlo,

Si alguien te ofrece un cigarrillo en una fiesta, no debes sentirte obligado a aceptar.

incluso cuando el doctor le dijo que tenía que hacerlo. Antes de morir, me hizo prometerle que nunca iba a fumar. Y eso nunca lo olvidaré.

Luis: Bueno, como tú quieras, amigo. Es tu decisión.

A pesar de la presión de sus amigos, Raúl mantuvo la calma y se negó a fumar. Recordó lo que el cigarrillo le hizo a su abuela, evitando un hábito dañino para toda su vida. No dejes que la presión de tus compañeros te convenza de fumar.

Al inicio puede parecer una buena idea fumar con tus amigos porque te hace sentir parte del grupo. De cualquier manera, es tu salud la que importa. Si te sientes presionado por otros, mantente firme. Confía en tus propias convicciones. Tus verdaderos amigos respetarán tu decisión, y a la larga te sentirás mejor contigo mismo.

Capítulo 5

Fumar es una adicción a las drogas

Todos los días escuchamos los horrores de la adicción a las drogas. Leemos en las noticias acerca de personas con sobredosis de heroína, o que matan a alguien para obtener dinero para *crack*. Estos son casos extremos de adicción, y la mayoría de nosotros no consideraríamos la adicción al cigarrillo en la misma categoría.

Al igual que el alcohol, la nicotina es una droga legal. Pero eso no la hace menos peligrosa que otras drogas. Puede no tener los drásticos efectos inmediatos de la heroína o el *crack*, pero al igual que estas drogas es adictiva. Los fumadores ansían la nicotina y continúan fumando a pesar de que saben el daño que les produce. Con frecuencia sufren problemas de abstinencia y recaen tras dejar el cigarro. Estos son los síntomas que

Una vez que comienzas a fumar, puede ser muy difícil dejarlo.

caracterizan una adicción a las drogas.

Cuando el nivel de nicotina en la corriente sanguínea disminuye, el cuerpo le señala a la mente: "Fuma un cigarrillo. Necesito nicotina".

Tan pronto como el fumador enciende el cigarro, la nicotina llega hasta los pulmones y es absorbida rápidamente en la sangre. La ansiedad del cuerpo se satisface. Por un momento.

La nicotina es una droga silenciosa. Cuando comienzas a fumar, sentirás que te produce una pequeña explosión de energía. Esto se debe a que la nicotina acelera tu corazón.

Fumar puede darte un rápido embate de energía, pero no durará mucho tiempo.

Después de un tiempo, empezarás a sentirte cansado entre un cigarro y otro. Esto sucede cuando el nivel de nicotina disminuye. La sensación de cansancio es la forma como tu cuerpo te dice que necesita más nicotina.

El fumador es como un prisionero en un subibaja. Cuando estas "abajo", tu cuerpo siente la abstinencia. Eso es lo que te hace sentir cansado y perezoso. Tu cuerpo quiere su dosis de nicotina.

Cuando fumas un cigarro "subes" en el subibaja. La nicotina acelera el corazón y te da un impulso. Estimula la cápsula suprarrenal. Ésta es la glándula que produce la adrenalina, la substancia que corre por tus venas cuando te sientes excitado o nervioso.

La nicotina te produce un impulso, pero cuando disminuye su nivel comienzas a sentir síntomas de abstinencia. Por eso, aunque muchas personas fuman para despabilarse, terminan sintiéndose más cansadas.

Adicción a la nicotina: los hechos

- Al fumar, tu cuerpo se vuelve adicto a la nicotina.
- Es muy sencillo volverse adicto a la nicotina.
- La adicción a la nicotina te hace sentir como prisionero en un subibaja.

Capítulo 6

Un hábito difícil de vencer

Dejar el cigarrillo es muy difícil porque te vuelves adicto a la nicotina. Pero además de la adicción, muchos otros factores hacen que dejar el cigarro se convierta en un gran reto. Por una parte, fumar es un hábito y los hábitos son difíciles de vencer. Así mismo, puedes sentir que fumar te ayuda a controlar tu peso o a manejar el estrés. Cualquiera de estas razones pueden dificultar que dejes el cigarrillo.

Veamos porqué algunos adolescentes dicen que les sería muy difícil dejar de fumar.

Carla: ¿fumar y bajar de peso?

Carla: "Cuando comencé a practicar patinaje artístico, hace cinco años, estaba bastante gordita.

*Era la chica más pesada en mi grupo de pati-
naje. Fue en aquellos días que comencé a
fumar con mis amigos y a perder peso. No sé
si el cigarro me ayudó a perder peso o no,
pero me pareció una extraña coincidencia.
Pero fumar siempre me echa todo a perder,
porque cuando patino tengo que detenerme
para toser. Mi novio siempre se queja de que
tengo mal aliento, y he notado que mis
dientes ya no se ven tan blancos como antes.
Pero tengo temor de dejar de fumar porque
he escuchado que la gente comienza a subir
de peso en cuanto lo hace. Si voy a ser pati-
nadora artística, no puedo ser gorda".*

Carla cree que fumar la mantiene delgada, pero por otra
parte se ha dado cuenta de que le causará problemas en
los pulmones, haciéndole más difícil que tenga la fuerza
para continuar patinando. Carla debería dejar el cigarrillo, comenzar una dieta regular y un plan de ejerci-
cios que complemente su disciplina de patinaje. Se
sentirá mejor sabiendo que puede mantener un peso
apropiado sin tener que fumar. Además, Carla no
sufrirá ninguno de los nocivos efectos secundarios del
cigarro. Una hora en la pista de patinaje con sus amigos
puede darle un impulso mejor que aquel del cigarrillo.

Nelly: El cigarrillo y la responsabilidad

Nelly: "Aunque parezca difícil de creer, la mayoría de las ocasiones en las que enciendo un cigarro, no me doy cuenta de que lo he hecho. Hace poco, casi me corren de un buen trabajo de niñera a causa de mi hábito con el cigarrillo.

Un día, la mamá llegó a casa temprano y yo tenía cargado al bebé en un brazo, y un cigarrillo en la otra mano. A ella le molestó que yo estuviera fumando cerca de su bebé y que la estuviera exponiendo al humo de segunda mano, y tuve que prometerle que no volvería a suceder. Ahora no fumo hasta que termino con mi trabajo. A veces es realmente difícil aguantar un par de horas sin fumar. Ojalá nunca hubiese comenzado".

La historia de Nelly nos muestra cómo fumar se convierte en un hábito inconsciente. ¿Alguna vez has tratado de vencer un hábito? Quizás te truenas los nudillos, juegas con el cabello o te comes las uñas. Quizás alguien te lo haya hecho notar sin que tú te dieras cuenta de que lo estabas haciendo. Trata de dejar uno de tus hábitos durante un día. Es difícil ¿no es cierto?

El hábito del cigarrillo en algunas personas puede estar relacionado con otros hábitos. Algunos encenderán un cigarro inmediatamente después de comer, al llegar a una fiesta, o al hablar por teléfono. Al tratar de romper el hábito es importante identificar los momentos en los que fumas, y hacer algo diferente con tus manos o tu boca durante esos momentos. Mascar un chicle, o beber un vaso de agua fría son dos sugerencias que pueden ayudarte a superar esos momentos.

Víctor: El fumar y la autoestima

Víctor: Soy un poco penoso y callado cuando estoy entre otras personas. El cigarrillo me ayuda a disminuir mi ansiedad, especialmente cuando estoy con un grupo de personas que no conozco muy bien. Muchas veces soy el único que está fumando en el grupo, y eso me hace sentir cohibido. ¡La verdad, ya no sé qué hacer! Fumar me ayuda a relajarme cuando salgo con mis amigos, pero algunas personas no quieren salir con un fumador.

Víctor usa el cigarrillo para disminuir su timidez. Pero en lugar de enfrentar la ansiedad que le produce conocer nuevas personas, Víctor esconde sus miedos tras el cigarro. Víctor no ha reflexionado para tratar de hallar la causa de su timidez. Debería averiguar por qué se siente incómodo en grupos de personas. Quizás necesita hablar más. Además puede invitar a alguien que conozca, para no sentirse entre extraños. Víctor necesita tomar medidas para superar su timidez en lugar de esconderse tras los cigarrillos.

Bobby: ¿El cigarrillo puede curar la depresión?

Bobby: "Comencé a fumar cuando mis padres se estaban divorciando. Se gritaban todo el tiempo, y eso me ponía nervioso.

Comencé a fumar para tranquilizarme. Los cigarrillos realmente fueron un pilar en los tiempos difíciles, cuando las cosas no estaban muy bien para mí. Ahora fumo para mantenerme tranquilo y bajo control. El cigarro me da el empujón que necesito".

Bobby está viviendo la tristeza y ansiedad provocada por las peleas de sus padres. Busca alivio en el cigarrillo porque éste aminora su dolor. De cualquier forma, Bobby debería hablar con alguien acerca de sus problemas, alguien como un maestro, consejero, amigo o doctor. Estas personas pueden ofrecer apoyo y consejos más útiles que un paquete de cigarrillos, y no son dañinos para la salud.

El ejercicio es una efectiva forma de aliviar el estrés.

Muchas personas fuman para aliviar la tensión de la vida diaria. Ésta podría parecer una buena razón para fumar. Sin embargo, si puedes ver hacia el futuro podrás darte cuenta que que las consecuencias del cáncer pulmonar y los problemas cardíacos son más graves que cualquier otro problema que puedas encontrar en tu vida cotidiana actual. En lugar de fumar, intenta lo siguiente:

• Relajarte con un buen libro
• Hacer ejercicio
• Tomar una siesta
• Dar un paseo o salir a correr

Los deportes y el cigarrillo no combinan. La mayoría de los fumadores no tienen suficiente energía como para disfrutar del ejercicio.

• Ver una buena película

• Tomar un baño de burbujas

• Salir a cenar con un buen amigo

Si puedes anticipar que tendrás una situación estresante, tal como un examen o un partido importante, planea con anticipación y busca tiempo extra para lidiar con lo que te produce tensión. No trates de aliviar el estrés con algo que sólo te producirá daño.

Razones por las cuales fumamos: resumen

• Fumar se convierte en un hábito y los hábitos son difíciles de vencer.

• Fumar no es una manera sana de mantenerte en tu peso. El ejercicio y una dieta balanceada te ayudarán a conservar tu peso y tu salud.

• Podrías fumar incluso sin pensar en ello. Hay ciertas situaciones que hacen que la gente fume con frecuencia. Estudiar con tus amigos, por ejemplo, puede ser tu señal para encender un cigarro.

• Mucha gente fuma en un intento por calmar los nervios y aliviar el estrés. La escuela, la familia, el trabajo o el agotamiento pueden provocar esta tensión. Existen formas muy sanas de combatir el estrés, tales como tomar una siesta, hacer ejercicio, o conversar con los amigos. Fumar no debe ser una de ellas.

Capítulo 7

Algunas buenas razones para no fumar

¿Has escuchado la expresión "besar a un fumador es como lamer un cenicero"? No sólo el aliento del fumador huele mal, lo mismo sucede con su cabello y con su ropa. El cigarro también deja manchas cafés o amarillas en los dientes y en los dedos del fumador.

Tú podrías comenzar a fumar para adecuarte a cierto grupo de personas. ¿Qué tal ser amigo de personas que no fuman? Muchos no fumadores piensan que fumar es repugnante. Si fumas podrías estar limitando tu vida social.

A los no fumadores les molesta el olor del cigarro. Tampoco les gusta el hecho de que tu cigarrillo pueda hacerles daño. Si comienzas a fumar, más que hacer nuevos amigos, podrías comenzar a perderlos.

Actualmente es casi imposible fumar en lugares públicos. Muchos gobiernos locales y estatales, así como algunas compañías privadas prohíben fumar en lugares como oficinas, restaurantes y estadios. La conciencia pública sobre el humo de segunda mano y los peligros que representa para los no fumadores, ha hecho que las prohibiciones sean muy bien recibidas.

Si aún no estás convencido, quizás es porque últimamente no has prestado atención al precio de los cigarrillos. En la ciudad de Nueva York, por ejemplo, el precio promedio de una cajetilla de cigarros es de 4.50. Si fumas una cajetilla diaria a ése precio, estarás gastando $1,642 dólares al año. Seguramente tú puedes hacer mejores cosas con ese dinero.

Además, fumar limita tus sentidos del olfato y el gusto. Algunos estudios han mostrado que fumar produce arrugas y mal aliento y hace que tu piel luzca enferma.

Seis razones para no fumar

- El cabello, el aliento y la ropa de los fumadores huele mal.
- Fumar puede limitar tu vida social. Los no fumadores no quieren exponerse a los riesgos del cigarrillo para la salud. Además no les gusta el olor del cigarro. Los no fumadores podrían evitar a los fumadores.

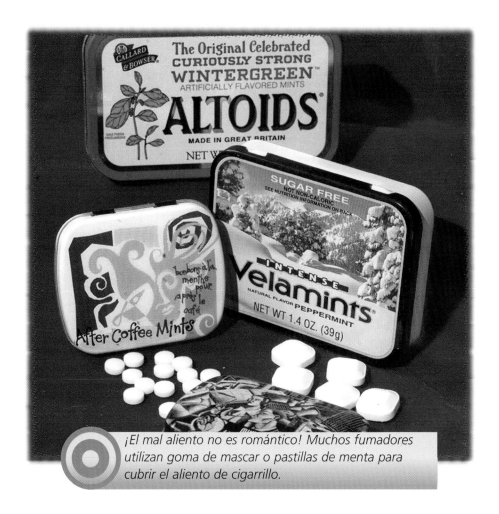

¡El mal aliento no es romántico! Muchos fumadores utilizan goma de mascar o pastillas de menta para cubrir el aliento de cigarrillo.

- Fuertes reglas en contra del cigarro han hecho que fumar sea ilegal en lugares públicos como oficinas, restaurantes y aviones.
- Fumar es muy costoso.
- El cigarro limita tus sentidos del olfato y el gusto.
- Fumar causa arrugas y hace que tu piel luzca enferma.

Capítulo 8

Cuando otros fuman

Digamos que tú no fumas. Imagina que viajas en coche o que estás en una habitación cerrada con un fumador. El cigarrillo encendido del fumador dificulta tu respiración.

Estudios recientes han demostrado que el humo del cigarro de otras personas puede ser dañino para tu salud. Ésta es una de las razones por las cuales existen las leyes antitabaco en todo el país. Estas leyes fueron creadas para ayudar a proteger a los no fumadores.

¿Quieres saber qué es lo que preocupa a los no fumadores?

Existen dos clases de humo que emanan de un cigarro encendido:
• Primario
• Secundario, también llamado humo de segunda mano

El humo de segunda mano es lo que respiran los no fumadores cuando se encuentran en una habitación con

Hablar con consejeros y otros adolescentes te ayudará a tomar una decisión acerca de no fumar.

personas que fuman. El monóxido de carbono los hace sentirse cansados y sufrir dolor de cabeza. De acuerdo a algunos estudios, los no fumadores que viven con personas que fuman mueren más pronto que las personas que viven en hogares donde no se fuma.

Un famoso escritor de televisión murió de cáncer pulmonar. Nunca había fumado, pero su compañero de trabajo fumaba más de dos cajetillas de cigarros al día. Ambos trabajaron juntos durante más de veinte años. ¿Cómo crees tú que se sintió al respecto el compañero que sobrevivió? ¿Te gustaría que algo como esto le sucediera a alguien a quien estimas?

Esto significa que una persona que no fuma y vive o trabaja con una persona que fuma puede enfermarse a causa del humo tanto como si ella misma fumara. ¿Es eso justo? ¿Tú qué piensas?

Humo de segunda mano: sus riesgos

- El humo de un cigarrillo puede hacer daño también a los no fumadores.
- El humo primario es aquel que inhala el fumador en sus pulmones. Más perjudicial para el no fumador es el humo secundario, que contiene tóxicos sin filtrar: alquitrán, monóxido de carbono, etcétera.
- El no fumador que vive o trabaja con fumadores puede enfermarse por el humo de segunda mano.

Capítulo 9

¿Quieres fumar? Toma tu propia decisión

Ahora sabes más acerca del cigarrillo: sabes cómo afecta tu organismo, tu apariencia y tu salud. Conoces, además, las razones por las que las personas comienzan a fumar y por qué es tan difícil dejarlo.

Quizás no has comenzado a fumar, pero has pensado al respecto. Elegir fumar o no fumar es una decisión importante y el siguiente test te ayudará a tomar una determinación. Si ya eres un fumador, trata de resolverlo. Este test podría cambiar tu opinión con respecto al cigarro.

Ésta es la Prueba de decisión del fumador. A diferencia de un examen de la escuela, aquí no hay preguntas correctas o incorrectas. Considéralo una ayuda para averiguar lo que es importante para ti. Este test te ayudará a tomar una decisión acerca del cigarrillo.

Fotocopia esta página. No escribas en el libro.

Primera parte: razones para fumar

	Muy importante	No muy importante
Fumar puede hacerte sentir como parte del grupo.	☐	☐
Fumar puede hacerte sentir más maduro y sofisticado.	☐	☐
Si dejas de fumar, estarías dejando de hacer algo que te hace sentir bien.	☐	☐
No quieres admitir que fue un error comenzar a fumar.	☐	☐
Dejar de fumar te puede hacer subir de peso.	☐	☐
No quieres enfrentarte a la posibilidad de que tu forma de fumar está fuera de control y que no puedes dejarlo.	☐	☐
Fumar te relaja.	☐	☐

Muchas personas encuentran útil el resultado de este test. Así pueden ver con claridad cómo se sienten acerca del cigarro. Observa con cuidado lo que contestaste en la columna "Muy importante". Luego pasa a la segunda parte.

Segunda parte: razones para no fumar

	Muy importante	No muy importante
Fumar puede limitar tu vida social.	☐	☐
Fumar es malo para la salud. Puede provocarte la muerte.	☐	☐
Es malo para las personas a tu alrededor.	☐	☐
Fumar tiene especiales riesgos para la salud de las mujeres.	☐	☐
En la mayoría de los lugares públicos se prohíbe fumar.	☐	☐
Fumar reduce la habilidad atlética.	☐	☐
Fumar hace que tu aliento, ropa y cabello huelan mal.	☐	☐
Es un hábito costoso.	☐	☐

Ahora escribe lo que contestaste bajo "Muy importante en razones para fumar" y lo que escribiste bajo "Muy importante en razones para no fumar". Compara unas con otras.

Estudia tus razones. Decide por ti mismo si quieres comenzar a fumar. Y si ya fumas, decide si continuarás o si dejarás el cigarro. De cualquier forma, toma tu propia decisión.

Capítulo 10

Dejar de fumar paso a paso

Si ya eres fumador es posible que hayas intentado dejar el cigarrillo y que te hayas dado cuenta de lo difícil que resulta dejar de fumar. Pero cerca de la mitad de los adultos que alguna vez fumaron han dejado el cigarro. Esto representa millones de personas y tú también puedes hacerlo. No existe un método infalible para dejar de fumar y tú debes encontrar el adecuado para ti. Aquí te presentamos algunos pasos que puedes seguir para dejar el hábito.

Haz una lista con tus razones para dejar de fumar

Escribe una lista de las razones por las que quieres dejar de fumar (por ejemplo, "no me gusta el olor de los cigarrillos", "quiero tener pulmones limpios"). Debes decidir por qué quieres dejar el cigarrillo. ¿Es por su precio? ¿Las quejas de tu pareja?

Escribe estas razones y conserva la lista contigo. Cada día, revisa la lista y recuerda: por esto quiero dejar de fumar.

Establece una fecha

Elige una fecha para dejar de fumar. No la cambies. Si sabes que fumas más en la escuela o en el trabajo, elige un fin de semana. Esto hará más fáciles los primeros días.

Algunas personas dejan de fumar de golpe. Eso significa que eligen un día para dejar el cigarro, y entonces lo dejan completamente.

Otras personas lo hacen por etapas. Eso significa que comienzan a disminuir el número de cigarrillos para luego dejarlo por completo.

Dejar de fumar por etapas

Si quieres dejar de fumar poco a poco, lo primero que debes hacer es fijar una fecha. Luego comienza a disminuir gradualmente el número de cigarrillos conforme te acercas a la fecha estipulada.

En ocasiones puedes fumar incluso sin que te des cuenta de que lo estás haciendo. Otros cigarrillos, como los que fumas después de comer o tras terminar un examen, son más importantes para ti. Esos son los momentos en los que realmente quieres un cigarrillo. La clave para dejar de fumar es decidir cuáles son los momentos importantes para ti, y fumar únicamente esos cigarrillos.

Puedes planear con tiempo. Lleva contigo exactamente el número de cigarrillos que has decidido fumar en un día. Pueden ser sólo tres o cuatro.

Otra forma de dejar de fumar poco a poco es fumando sólo la mitad de un cigarrillo, o cambiar a una marca de cigarrillos que no te gusta.

Otra manera es retrasando tu hábito. En lugar de fumar cuando se te antoja un cigarrillo espera diez minutos. De esta forma puedes pensarlo y decidir si realmente quieres ese cigarrillo. Puede ser que después de diez minutos ya no se te antoje.

Cambia tu rutina de fumador. Intenta guardar tus cigarros en un lugar diferente. Fuma con la mano contraria a la que generalmente utilizas para fumar. No hagas ninguna otra cosa mientras estás fumando y piensa cómo te sientes mientras estas haciéndolo.

Dejar de fumar por etapas es un excelente método, pero no te engañes. Puedes pensar que tienes las cosas bajo control y que puedes dejar el cigarro en cualquier momento. Eso no es verdad. La mayoría de las personas que dejan de fumar poco a poco, vuelven a fumar muy pronto la cantidad acostumbrada de cigarrillos. ¡Establece una fecha para dejar de fumar!

Diles a todos que estás dejando de fumar

Informa a tu familia y amigos acerca de tu plan para dejar de fumar. Esto puede ayudarte a sentir un compromiso y no renunciar a tu plan. Además tus familiares y amigos sabrán que podrías ponerte de mal humor y que será un poco difícil la convivencia por unos días.

No cambies tus hábitos alimenticios

No recurras a un bocadillo cada vez que quieras un cigarrillo. Mastica un chicle. Haz ejercicio. Si recurres a los bocadillos, podrías subir de peso, y muchas personas usan eso como pretexto para volver a fumar.

Recompénsate

Encuentra actividades que sean divertidas o que te hagan feliz. El ejercicio es siempre una buena opción. Ejercitarse es bueno porque tienes que utilizar todo tu cuerpo. Esto te recordará lo importantes que son tus pulmones. Además, el ejercicio te hace sentir bien.

Busca un pasatiempo como fotografía, música o andar en patineta. Ve al cine, al zoológico, a la playa o a un concierto. Usa el dinero que no estás gastando en cigarrillos para pagar estas actividades.

No te des por vencido, ¡Tú puedes dejar el cigarrillo!

Si llegas a fumar un cigarrillo, o incluso una cajetilla completa, no lo tomes como un fracaso. Revisa tu lista y recuerda por qué quieres dejar de fumar. Si tus razones han cambiado, haz una lista nueva. Cuando se te antoje un cigarrillo, haz algo, manténte ocupado.

Cuídate de las "señales de humo", tales como un amigo encendiendo un cigarrillo. En momentos como esos es más probable que vuelvas a fumar. Sé fuerte y no renuncies a la idea de dejar el cigarrillo. Valdrá la pena.

Capítulo 11

Obtener ayuda cuando quieres dejar de fumar

Como te habrás dado cuenta, ya sea a través de la lectura de este libro o por experiencia personal, dejar de fumar es muy difícil, y podrías pensar que no puedes hacerlo por ti mismo. Recuerda: si necesitas ayuda, no tengas miedo en pedirla. Darte cuenta de tus limitaciones y de que necesitas ayuda debe ser una razón para sentirte orgulloso. Además obtener ayuda es algo sencillo. Muchas organizaciones pueden asistir a personas que, como tú, desean superar el hábito del cigarro.

Averigua con tu maestro, un consejero, o con la enfermera de la escuela, si tu colegio cuenta con un programa para ayudar a los estudiantes a dejar el cigarrillo. Si no cuenta con un programa de esta clase, tú puedes ser la fuerza para comenzarlo.

Tres organizaciones que están listas para ayudar son la Sociedad Norteamericana contra el Cáncer, la

Asociación Norteamericana contra las Enfermedades Pulmonares, y la Asociación Norteamericana del Corazón. Para información sobre estas organizaciones, busca en la sección "Dónde obtener ayuda" en este libro.

La ayuda puede llegar de formas distintas. Tu doctor puede prescribir medicinas que ayudan a romper el hábito. Algunas personas tienen éxito utilizando una goma de mascar especial, o chicle de nicotina. Otros encuentran útiles los parches de nicotina, que son pequeñas almohadillas que al colocarse en tu cuerpo liberan nicotina a través de la piel. El parche le da a tu cuerpo la nicotina que ansía pero sin el resto de las sub-sustancias químicas dañinas del cigarrillo.

Dejar de fumar es un paso importante y puede crear sentimientos de estrés e infelicidad. Además de luchar contra la nicotina, quizás tengas que lidiar con cambios en tu estado de ánimo. Es de mucha ayuda tener a alguien con quien hablar y te ofrezca el apoyo que necesitas para superar esta etapa.

Ahora que conoces más acerca del cigarrillo, ¿aún lo consideras en onda o atractivo? Aquí has aprendido los riesgos para la salud asociados con el cigarrillo y su papel en tu vida social. Si tienes curiosidad, infórmate antes de encender un cigarrillo, pipa o puro. Si ya tienes la adicción y quieres dejar de fumar, recuerda que hay organizaciones que pueden ayudarte. Sólo tu puedes tomar esta importante decisión en tu vida.

Glosario

abstinencia Proceso por el cual se interrumpe la dependencia del organismo hacia una droga adictiva. El adicto sufre de efectos físicos y psicológicos tras dejar de ingerir una droga adictiva.

adictivo Que provoca dependencia de un químico en el cuerpo de una persona.

alquitrán Sustancia negra y pegajosa contenida en el tabaco. Cubre los pulmones cuando se inhala humo.

ansia / antojo Un gran deseo.

bióxido de carbono Gas que sale del cuerpo durante la exhalación.

bronquios Tubos en el interior de los pulmones.

bronquitis crónica Afección del pulmón causada por el cigarrillo, caracterizada por fuerte tos e irritación de los pulmones.

cáncer Enfermedad que produce crecimiento anormal de las células y causa tumores. Los tumores se expanden e interfieren con el crecimiento normal de las células.

cáncer pulmonar Enfermedad en la que las células de los pulmones se dividen sin control. Fumar es una de las principales causas de cáncer pulmonar.

cápsula suprarrenal Glándula que produce la adrenalina, una hormona que prepara al organismo para acciones de emergencia. La adrenalina hace trabajar más fuerte al corazón.

enfermedad del corazón Incluye varias enfermedades, como ataque al corazón, infarto, endurecimiento de las arterias y coágulos en la sangre.

enfisema Grave enfermedad del pulmón.

estrés Tensión o presión.

fumada Inhalación del humo del cigarrillo. También conocida como calada.

humo primario El que inhala y exhala el fumador.

humo secundario / de segunda mano El que surge de la punta de un cigarrillo encendido.

monóxido de carbono Gas tóxico. Una de las sustancias químicas que contienen los cigarrillos.

mucosidad Secreción de las membranas mucosas.

nicotina Droga en el humo del cigarro que produce adicción.

prematuro Temprano, antes de estar completamente listo.

Dónde obtener ayuda

En los Estados Unidos
American Cancer Society
Sociedad Norteamericana contra el Cáncer
19 West 56th Street
New York, NY 10019
(800) ACS-2345
http://www.cancer.org
En español:
http://www.cancer.org/eprise/main/docroot/esp/esp_0

American Lung Association
Asociación Norteamericana contra las Enfermedades
    Pulmonares
1740 Broadway
New York, NY 10019
(212) 315-8700
http://www.lungusa.org

National Cancer Institute
Instituto Nacional contra el Cáncer
En español:
(800) 4-CANCER
http://www.cancer.gov/espanol/

Office on Smoking and Health Centers for Disease Control and Prevention
Centros para el Control y Prevención de Enfermedades
Mail Stop K-67
4770 Budford Highway NE
Atlanta, GA 30341
(770) 488-5705
(800) CDC-1311
http://www.cdc.gov/tobacco
En español:
http://www.cdc.gov/spanish/tabaco.htm

En Canadá
Canadian Cancer Society Nacional Office
Oficina Nacional de la Sociedad Canadiense contra el
    Cáncer
10 Elkhorn Avenue
Toronto, ON M4V 3B1
(416) 961-7223
http://www.cancer.ca

Sugerencias de lectura

En español:

Casas Martínez, María de la Luz. *¿Fumas? no, gracias. Prevención del tabaquismo en la adolescencia.* Panorama editorial, 1997

En inglés:

DeAngelis, Gina. *Nicotine and Cigarettes.* New York: Chelsea House, 1999.

Fisher, Edwin B., Jr., Ph.D., and Toni L. Goldfarb. *American Lung Association: 7 Steps to a Smoke-Free Life.* New York: John Wiley and Sons, 1998.

Gebhardt, Jack. *Help Your Smoker Quit: A Radically Happy Strategy for Nonsmoking Parents, Kids, Spouses, and Friends.* Minneapolis, MN: Fairview Press, 1998.

Hyde, Margaret O. *Know About Smoking.* New York: Walker and Co., 1995.

Lang, Susan S., and Beth H. Marks. *Teens and Tobacco.* New York: Twenty-First Century Books, 1996.

Mayer, Gerald S., Ph.D. *When It Hurts Too Much to Quit: Smoking and Depression.* Phoenix, AZ: Desert City Press, 1997.

Índice

Acerca del autor

Elizabeth Keyishian es editora asociada de una galardonada revista científica infantil. Además de escribir para adultos jóvenes, ha publicado ensayos humorísticos. Es graduada de Wesleyan University y vive en la ciudad de Nueva York.

Créditos fotográficos

Cover, pp. 12, 17, 25, 39 by Ira Fox; pp. 2, 40, 44 © AP/World Wide Photos; pp. 21, 32 by Stuart Rabinowitz; pp. 28, 31, 46 by Les Mills.

Diseño

Nelson Sá